QUERIDOS AMIGOS Y AMIGAS ROEDORES, BIENVENIDOS AL MUNDO DE

Geronimo Stilton

AF872958

EL ECO DEL ROEDOR
REDACCIÓN

GERONIMO
STILTON

Geronimo Stilton
Ratón intelectual,
director de *El Eco del Roedor*

Tea Stilton
Aventurera y decidida,
enviada especial de *El Eco del Roedo*

Trampita Stilton
Pillín y burlón,
primo de Geronimo

Benjamín Stilton
Simpático y afectuoso,
sobrino de Geronimo

Geronimo Stilton

EL MISTERIOSO CASO DE LOS JUEGOS OLÍMPICOS

DESTINO

El nombre de Geronimo Stilton y todos los personajes y detalles relacionados con él son *copyright*, marca registrada y licencia exclusiva de Atlantyca S.p.A. Todos los derechos reservados. Se protegen los derechos morales del autor.

Textos de Geronimo Stilton
Inspirado en una idea original de Elisabetta Dami
Ilustraciones de Cinzia Marrese. Vitoria Termini *y* Silvia Bigolin (*diseño*)
Diseño gráfico de Zeppola Zap *y* Daniela Bossi
Dirección artística de Iacopo Bruno
Cubierta de Andrea Da Rold (*diseño*) *y* Alessandro Muscillo (*color*)
Diseño gráfico de Laura Dal Maso *(theWorldofDot)*
Ilustraciones de las páginas iniciales y finales de Roberto Ronchi *(diseño) y* Ennio Bufi MAD5 *(diseño página 123)*, Studio Parlapà *y* Andrea Cavallini *(color)*
Mapa de Andrea Da Rold *(diseño) y* Andrea Cavallini *(color)*

Los datos relativos a esta edición han sido actualizados en mayo de 2016.
Para más información visita el sitio oficial **olympic.org**.

Título original: *Lo strano caso dei Giochi Olimpici*
© de la traducción: Manel Martí, 2012

Destino Infantil & Juvenil
infoinfantilyjuvenil@planeta.es
www.planetadelibrosinfantilyjuvenil.com
www.planetadelibros.com
Editado por Editorial Planeta, S. A.

© 2004 - Edizioni Piemme S.p.A., Palazzo Mondadori, Via Mondadori 1, 20090 Segrate – Italia
www.geronimostilton.com
© 2012, 2016 de la edición en lengua española: Editorial Planeta, S. A.
Avda. Diagonal, 662-664, 08034 Barcelona
Derechos internacionales © Atlantyca S.p.A., Via Leopardi 8, 20123 Milán - Italia
foreignrights@atlantyca.it / www.atlantyca.com

Primera edición: mayo de 2012
Primera edición en esta presentación: junio de 2016
ISBN: 978-84-08-15758-8
Depósito legal: B. 9.705-2016
Impreso en España - Printed in Spain

El papel utilizado para la impresión de este libro es cien por cien libre de cloro y está calificado como **papel ecológico**.

No se permite la reproducción total o parcial de este libro ni su incorporación a un sistema informático, ni su transmisión en cualquier forma o por cualquier medio, sea éste electrónico, mecánico, por fotocopia, por grabación u otros métodos, sin el permiso previo y por escrito del editor. La infracción de los derechos mencionados puede ser constitutiva de delito contra la propiedad intelectual (Arts. 270 y siguientes del Código Penal).
Diríjase a CEDRO (Centro Español de Derechos Reprográficos) si necesita fotocopiar o escanear algún fragmento de esta obra. Puede contactar con CEDRO a través de la web www.conlicencia.com o por teléfono en el 91 702 19 70 / 93 272 04 47.

Stilton es el nombre de un famoso queso inglés. Es una marca registrada de la Asociación de Fabricantes de Queso Stilton. Para más información www.stiltoncheese.com

¡Por mil quesos de bola!

Aquella mañana (una CALUROSA mañana de verano) me levanté y, como siempre, encendí la radio para escuchar las últimas noticias.

—Están a punto de empezar las **Olimpiadas**...

—*¡Por mil quesos de bola!* ¿Otra vez las **Olimpiadas**? ¡En Ratonia no se habla de otra cosa! —resoplé.

Apagué la radio y encendí la televisión: ¡allí también, sólo daban noticias deportivas!

CIONES
RATUCCI

—*¡Por mil quesos de bola!* ¿Otra vez las **Olimpiadas**? —resoplé.

Hojeé el periódico y vi el siguiente titular:

«¡SÓLO FALTAN TRES DÍAS PARA LAS OLIMPIADAS!»

—*¡Por mil quesos de bola!* ¿Otra vez las **Olimpiadas**? —resoplé.

Salí de casa: en la principal plaza de la ciudad, unos obreros estaban montando un **mega-panel** para poder seguir en directo las competiciones de las **Olimpiadas**.

—*¡Por mil quesos de bola!* ¿Otra vez las **Olimpiadas**? —resoplé.

Cuando llegué a la redacción, me di cuenta de que todos hablaban de los Juegos Olímpicos.

—*¡Por mil quesos de bola!* ¿Otra vez las **Olimpiadas**? —resoplé.

Me encerré en mi despacho: yo soy un intelectual... ¡no me interesa el deporte!

Ah, perdonad, aún no me he presentado: Me llamo Stilton, *Geronimo Stilton*.

Dirijo *El Eco del Roedor*, ¡el periódico más famoso de la Isla de los Ratones!

Así pues, como iba diciendo, estaba tan TRANQUILO en mi despacho cuando oí el ESTRUENDO de un motor.

—POR MIL QUESOS DE BOLA, ya sé quién llega... —pensé.

GERONIMO, QUERIDO, NECESITO QUE ME HAGAS UN PEQUEÑO FAVOR...

Un segundo después, la puerta se abrió de par en par y entró mi hermana Tea, la enviada especial de *El Eco del Roedor.*

Yo mascullé:

—Tea, ¿cuántas veces te he dicho que no entres con la moto en la oficina? Ella la aparcó ¡justo encima de mi escritorio... aplastándome la cola..., pisándome una pata y manchándome de aceite la chaqueta!

Antes de que pudiera protestar, se me acercó y me susurró:

—Geronimín, te he traído los pastelillos que tanto te gustan, esos de QUESITO FUNDIDO...

Probé uno, pero con prudencia.

Geronimo, querido, necesito que…

¡Cuando mi hermana es tan amable, siempre hay un motivo!

Tea prosiguió:

—Geronimo, querido, tengo que pedirte un pequeño pequeño pequeñísimo favor…

—Dime, ¡si está en mi mano, te ayudaré con mucho gusto!

Ella me espetó sin más preámbulos:

—Debes cubrir en directo la crónica de las **Olimpiadas**!

Yo balbuceé:

—P-pero ¿no tenías que hacerlo tú?

Ella se rió:

—Sí, pero yo tengo otras cosas que hacer… quiero decir, que éste es un trabajo más adecuado para ti. Eres tan **BUENO**, tan **INTELIGENTE**, tan **PROFESIONAL**, tan **«DIRECTOR»**…

—¡Ni hablar del peluquín! No entiendo una **corteza** de deportes, ¡no soy un ratón deportivo!

Ella hizo una mueca.

—¡Sin embargo tendrás que ir precisamente tú! ¡Ya está decidido! ¡También lo dice el abuelo!

Justo en ese momento, sonó mi teléfono.

—¿Diga? Aquí Stilton, *¡Geronimo Stilton!*

Al otro lado, RETUMBÓ un vozarrón que me horadó los tímpanos.

—Aquí Revoltoso, **¡Torcuato Revoltoso!** ¡Soy el abuelo, Geronimo! ¿Me has reconocido?

Suspiré. ¿Cómo era posible no reconocer la voz de mi abuelo Torcuato?

Él ordenó:

—Nieto, espabila, toma nota.

1. ¡**CORRE** a casa a preparar la maleta!
2. ¡**VE EN SEGUIDA** al aeropuerto!
3. ¡**TOMA EL PRIMER VUELO** a Ratonkfurt!

Y prosiguió:

—Tendrás que cubrir las **Olimpiadas** haciendo: **PRIMERO**, un resumen escrito para *El Eco del Roedor*, **SEGUNDO**, una transmisión en directo para la televisión, **TERCERO** (ya que estás allí), ¿podrías comprarme un poco de queso de la **Selva Sinqueso**?

—Pe-pero, abuelo, yo tengo compromisos...

—¡Con el abuelo no se discute! —**rugió** él.

—Yo no entiendo una corteza de deportes...

—Mal, **muuuy** mal. ¡Así aprenderás!

—Pero ¿no tenía que ir Tea a las **Olimpiadas**?

—Mi adorada nietecita Tea tiene algo muy distinto que hacer, ¡ha de cubrir un desfile de moda!

¿Qué podía decir yo? El abuelo siempre ha sentido debilidad por Tea. Y con el abuelo no se discute...

¡Preparé la maleta, **CORRÍ** al aeropuerto y subí al avión que habría de llevarme a Ratonkfurt!

RATONKFURT
ISLA DE LOS RATONES

YO SOY UN AUTÉNTICO GENTILRATÓN

Subí al avión que habría de llevarme a Ratonkfurt.

Apenas me había sentado en mi asiento, cuando oí una vocecilla que gritaba con voz aguda:

—¡Oooooh!

Me volví y vi a una azafata de pelaje de color **gris** polución, morro TORCIDO y **bigotes** **empolvados**. Llevaba el pelo rubio cardado, pestañas postizas, los labios pintados de un **rojo** intenso, las uñas **larguísimas** y esmaltadas. Sus patitas TORCIDAS surgían de una falda corta y estrecha. Calzaba unos zapatos **amarillos** con unos altísimos tacones de aguja.

Me di cuenta de que se le había caído un pañuelo de encaje *perfumado*.

Me levanté y me apresuré a recogerlo. Se lo devolví con una reverencia, ***besándole la pata***.

—¡Mis respetos, señora!

Ella gritó:

—**¡Oooooh!** ¡Es usted un auténtico gentilratón!

Pero, a la azafata se le cayó una maletita justo encima de mi pie derecho.

—**¡Aaaaah!** —grité.

La recogí y se la alcancé con una reverencia, ***besándole la pata***.

—¡Siempre a su disposición, señora!

¡AYYYYYY!

Entonces, a la azafata se le cayó un maletón pesadísimo... sobre mi pie izquierdo. Yo grité:

—¡Ayyyyyyyy!

La recogí y se la entregué con una reverencia, *besándole la pata*.

—¡Siempre a su disposición, señora!

La azafata sonrió:

—En vista de que es usted tan amable… ¿podría ayudarme a explicar a los pasajeros qué tienen que hacer en caso de emergencia?

Dicho lo cual, me colocó un chaleco salvavidas y tiró de la cinta hasta casi estrangularme.

Yo balbuceé:

—Glbbbbbbbbbb...

En cuanto logré volver a respirar con normalidad, le hice una reverencia, *besándole la pata*.

—¡Siempre a su disposición, señora!

La azafata sonrió de nuevo y me preguntó:

—En vista de que es usted tan amable... ¿podría ayudarme a servir el té?

Apareció con una tetera llena de té hirviendo... que derramó justo sobre mi pata derecha. Yo **gritÉ**:

—¡SocorrooooooOOOO!

En cuanto logré recuperarme, le hice una reverencia, *besándole la pata*.

—¡Siempre a su disposición, señora!

La azafata sonrió y me dijo:

—En vista de que es usted tan amable... ¿podría ayudarme a **proyectar** la película?

Al cabo de unos instantes me estaba debatiendo entre una montaña de película cinematográfica que se me enroscaba alrededor del cuello.

—¡Que me ahooooooogo! —dije con un hilo de voz.

Cuando acabé de enrollar la película, le hice una reverencia, *besándole la pata*.

—¡Siempre a su disposición, señora!

La azafata volvió a sonreír y me dijo:

—En vista de que es usted tan amable... ¿podría ayudarme a limpiar todos los baños del avión?

Me vi obligado a limpiar aquellos aseos **tan apestosos** del avión.

Le devolví el cubo y los cepillos, le hice una reverencia, *besándole la pata*.

—¡Siempre a su disposición, señora!

La azafata volvió a sonreír y me dijo:

—En vista de que es usted tan amable… ¿podría…?

Yo estaba **muuuy** preocupado.

POR MIL QUESOS DE BOLA, ¿qué me pediría? ¿Qué pilotase el avión?

Le pregunté con **muuucha** cautela:

—¿En qué puedo ayudarla, señora?

Entonces, y sólo entonces, me di cuenta de una cosa **muuuy** rara…

STILTONCITO, ¿TE HA HECHO GRACIA LA BROMITA?

La azafata llevaba... ¡una piel de plátano sobresaliéndole del bolsillo de la chaqueta!

Observé mejor aquel morro tan familiar... y por fin comprendí.

¡Aquélla no era una azafata!

¡Aquél era METOMENTODO QUESOSO!

Él soltó una risita:

—Stilton*cito*, ¿te ha hecho gracia la brom*ita*?

Yo grité indignado:

—¡Nooooooooooo! ¡No me ha gustado nada!

La azafata (es decir, Metomentodo Quesoso) murmuró en tono misterioso:

—Stiltoncito, vas camino de las **Olimpiadas**, ¿no es así?
Yo mascullé:
—**HUMMM**, sí. ¿Por qué me lo preguntas?
Él respondió:
—Porque yo también voy a las **Olimpiadas**. Para que no me reconozcan (¡soy un investigador muy, muy famoso, je, je, jeee!), me he disfrazado de azafata. Dime la verdad: ¿se me reconoce o no se me reconoce?
Tuve que admitirlo:
—No, no se te reconoce...
—¿Sabes por qué voy a las **Olimpiadas**?
—No, no lo sé.
Y tampoco estoy seguro de querer saberlo...

—Bueno, te lo diré igualmente. En mi opinión, alguna cos*ita* huele a quemad*ito* en los Juegos Olímpicos... Stiltonc*ito*, ¿me ayudarías a resolver este enigm*ita*?

Negué con la cabeza.

—Desgraciadamente, no puedo. Voy a Ratonkfurt porque he de escribir la crónica especial de las Olimpiadas para *El Eco del Roedor* y estaré muy ocupado.

Metomentodo peló un plátano.

—¡ÑARAÑAMÑAMÑAM!* ¿Quieres un poco?

—No, gracias, ¡sabes de sobra que no como plátanos! —dije rechazándolo.

—¿Por qué?

—Porque no los digiero bien.

—Vaya, ahora resulta que eres el típico delicad*ito*. —Bajó la voz—. Por cierto, ¿dónde está Tea?

Negué con la cabeza.

—¡Tea no ha podido venir!

* ¡Ñarañamñamñam!: *¡tengo hambre!*

Metomentodo gritó a voz en cuello (haciendo que todos se volvieran):

—¡Quéééééééééé? ¿Que no está mi adorada Tea? ¡Aaaaaaaaaah! ¡Cómo sufre mi corazon*cito*! ¿Por qué no la has traído? ¡Malvad*ito*!

Yo estaba **AVERGONZADÍSIMO**:

—¡Chisst, Metomentodo, habla más bajo! ¡Todo el mundo nos está mirando!

—¡Y pensar que había elegido Ratonkfurt para pedirle que se casara conmigo! Hasta le había comprado un anill*ito* de compromiso... con un bello topacio de color amarillo plátano... —dijo Metomentodo chillando.

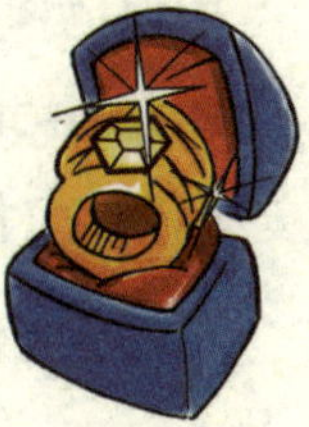

—Vamos, ya tendrás otra ocasión... —lo consolé.

METOMENTODO se enjugó rápidamente las lágrimas.

—Me concentraré en mi trabajo... trataré de distraerme resolviendo el enigm*ita* de las Olimpiadas.

Venga, Geronim*ito*, no te pongas pesad*ito*, éste es un caso misterios*ito* y podrías escribir un articul*ito* interesant*ito* para tu periodiqu*ito*...

—Ya te lo he dicho, no puedo ayudarte de ningún modo. En cualquier caso, ¿de qué se trata?

Metomentodo me susurró:

—Lee con detenimiento la lista de países que participan en las **Olimpiadas** y lo entenderás. Ahora, me voy, tengo que servirles la comid*ita* a los pasajeros. A propósito, Geronimi*to*, tú que eres un auténtico gentilratón, ¿no me ayudarías a...?

Le **grité**:

—¡No te voy ayudar a nada de nada! Es verdad que soy un auténtico gentilratón, pero sólo ayudo a las señoras... ¡a las *de verdad*!

Él se alejó resoplando:

—**¡Ufff!**, hoy en día ya no quedan auténticos gentilratones...

¡Bah!

Con todo, he de reconocer que me picaba la curiosidad.

En cuanto bajé del avión, me conecté a **internet** y revisé la lista de países que participaban en las **Olimpiadas**...

Afganistán, Albania, Alemania, Andorra, Angola

Antigua y Barbuda, Arabia Saudí, Argelia, Argentina, Armenia, Aruba

Australia, Austria, Azerbaiyán, Bahamas, Bahréin, Bangladesh

Barbados, Bélgica, Belize, Benín, Bermudas, Bielorrusia

Bolivia, Bosnia-Herzegovina, Botswana, Brasil, Brunei, Bulgaria

Burkina Faso, Burundi, Bután, Cabo Verde, Caimán (Islas), Camboya

Camerún, Canadá, Chad, Chile, China, Chipre

Colombia, Comoras, Congo, Congo (Rep. dem.), Cook (Isla de), Corea del Norte

Corea del Sud, Costa de Marfil, Costa Rica, Croacia, Cuba

Dinamarca, Dominica, Ecuador, Egipto, El Salvador

Emiratos Árabes Unidos
Eritrea
Eslovaquia
Eslovenia
España
stados Unidos de América
Estonia
Etiopía
Fiji
Filipinas
Finlandia
Francia
Gabón
Gambia
Georgia
Ghana
Granada
Grecia
Guam
Guatemala
Guinea
Guinea-Bissau
Guinea-Ecuatorial
Guyana
Haití
Honduras
Hong Kong
Hungría
India
Indonesia
Irak
Irán
Irlanda
Isla de los Ratones
Islandia
Israel
Italia
Jamaica
Japón
Jordania
Kazajistán
Kenia
Kirguizistán
Kiribati
Kosovo
Laos
Lesoto
Letonia
Líbano
Liberia

Libia | Liechtenstein | Lituania | Luxemburgo | Macedonia

Madagascar | Malasia | Malawi | Maldivas | Mali

Malta | Marruecos | Marshall (Islas) | Mauricio | Mauritania

México | Micronesia | Moldavia | Mónaco (Prin.) | Mongolia

Montenegro | Mozambique | Myanmar | Namibia | Nauru

Nepal | Nicaragua | Níger | Nigeria | Noruega

Nueva Zelanda | Omán | Países Bajos | Pakistán | Palau

Palestina | Panamá | Papúa N. Guinea | Paraguay | Perú

Polonia | Portugal | Puerto Rico | Qatar | Ratolandia

Reino Unido | Rep. Centroafricana | Rep. Checa | Rep. de Sudán del Sur | Rep. del Sudán

Rep. Dominicana | Rep. Sudafricana | Ruanda | Rumanía | Rusia

Salomón (Islas) | Samoa | Samoa Amer. | San Cristóbal y Nieves | San Marino

San Vicente y Las Granadinas | Santa Lucía | São Tomé y Príncipe | Senegal | Serbia

Seychelles | Sierra Leona | Singapur | Siria | Somalia

Sri Lanka | Suazilandia | Suecia | Suiza | Surinam

Tailandia | Taipéi Chino | Tanzania | Tayikistán | Timor-Leste

Togo | Tonga | Trinidad y Tobago | Túnez | Turkmenistán

Turquía | Tuvalu | Ucrania | Uganda | Uruguay

Uzbekistán | Vanuatu | Venezuela | Vietnam | Vírgenes (Islas)

Vírgenes Británicas (Islas) | Yemen | Yibuti | Zambia | Zimbabue

EN TIEMPOS DE LOS ANTIGUOS GRIEGOS

Decidí realizar un recorrido turístico completo y descubrí que Ratonkfurt es una ciudad maravillosa.

Visité el Museo del Deporte, que reúne todos los documentos y testimonios relativos a los **Juegos Olímpicos** de la historia moderna, desde la primera edición de 1896 hasta hoy.

También había una sala dedicada a la ANTIGUA GRECIA, la patria de las Olimpiadas, que exhibía un sinfín de curiosidades relativas a esta fascinante civilización. Me pareció estar viajando en el tiempo...

MUSEO

LOS ANTIGUOS GRIEGOS

A finales del año 2000 a. C. comenzaron a desarrollarse las *poleis*, es decir, las ciudades-estado independientes: las más importantes fueron Atenas y Esparta. En el siglo V a. C. las *poleis* se expandieron por toda la cuenca del Mediterráneo. Esta supremacía condujo a la guerra contra los persas, que fueron derrotados en las batallas de Maratón, Salamina y Platea. El prestigio militar y político de Atenas aumentó durante la era de Pericles (460-429 a. C.), reavivando las disputas con Esparta: la guerra del Peloponeso (431-404 a. C.) marcó el declive de Atenas y la hegemonía de Esparta. Con Filipo II de Macedonia, la Grecia persa perdió su independencia, y en el 146 a. C. se convirtió en una provincia del Imperio romano.

LOS GUERREROS ESPARTANOS

Eran sometidos a una férrea disciplina militar y deportiva. Desde pequeños, se los habituaba a enfrentarse a las pruebas más duras.

HOMERO

A este poeta ciego, que vivió alrededor del siglo VII a. C., se le atribuye la autoría de dos poemas épicos muy célebres: La Ilíada *y* La Odisea. *En* La Ilíada *se describe la Guerra de Troya. En* La Odisea, *en cambio, se narra el azaroso viaje de Ulises desde Troya hasta Ítaca, su patria.*

La escuela

La educación escolar empezaba a los siete años y estaba reservada a los varones. Se estudiaban diversas materias:

- El «gramático» enseñaba a leer, a escribir y a relatar.
- El «citarista» enseñaba a recitar poesía y a tocar la lira o la flauta.
- El «pedotriba» enseñaba danza y gimnasia. Las clases de atletismo se desarrollaban en el *gymnasium* (gimnasio). Las chicas permanecían en casa y aprendían de sus madres a tejer la lana, a cocinar y a cantar.

La alimentación

El trigo y la cebada eran los cereales más cultivados y se empleaban para preparar panes y tortas. También había gran cantidad de olivos y vides: además de como condimento, el aceite de oliva se usaba para preparar medicinas y cosméticos. La uva se consumía como fruta, o prensada para obtener vino. También comían pescado y queso. Sólo consumían carne de aves de corral y cerdo, mientras que de las vacas y las cabras obtenían la leche y la lana, y usaban los bueyes y las vacas para trabajar el campo. Como edulcorante empleaban la miel: ¡aún no conocían el azúcar!

EN OLIMPIA LOS JUEGOS

Las ciudades-estado griegas siempre estaban luchando entre sí. Tenían una sola tregua: durante los juegos atléticos de la ciudad de Olimpia, en honor de Zeus. De ahí el nombre de OLIMPIADAS.
Nacidos probablemente en el 776 a. C., estos juegos se celebraron cada 4 años (¡acabaron siendo usados como calendario!) durante más de un milenio, hasta que los romanos conquistaron Grecia. Los juegos fueron perdiendo importancia hasta ser abolidos, también debido a su origen pagano.

¿QUIÉN PARTICIPABA? Únicamente los hombres; y no sólo eso: ¡las mujeres tenían prohibida la entrada!

LOS JUEGOS ERAN ANUNCIADOS por los *tedòfori*, es decir, atletas que recorrían toda Grecia a pie con sus antorchas. Las ciudades-estado enviaban a competir a sus mejores atletas.

EN HONOR DE ZEUS

¿QUÉ DISCIPLINAS INCLUÍAN?
Por encima de todo, las carreras y el pentatlón, es decir, 5 especialidades (carrera, salto de longitud, lanzamiento de disco, lanzamiento de jabalina y lucha) en una sola prueba, y las carreras de carros y de caballos. Sin olvidar los deportes de lucha propiamente dichos (¡al parecer, los antiguos eran más bien pendencieros!), y sobre todo las competiciones de «Pancracio», una mezcla de lucha y boxeo en la que se admitía un poco de todo: puñetazos, mordiscos y aplastamientos, hasta que uno de los dos atletas se rendía. Éstas eran las pruebas preferidas de los espectadores.

EL VENCEDOR recibía como premio una corona de hojas de olivo, que crecían en las inmediaciones del templo consagrado a Zeus.

LOS LUCHADORES se friccionaban los músculos con aceite para calentarlos, y después se pasaban arena por el cuerpo para hacerlo menos resbaladizo y poder tener mejor agarre.

¡No es culpa mía si soy tímido!

A la mañana siguiente, fui a la sede de **Rat TV** en Ratonkfurt. Me recibió un vídeo-operador, es decir, un técnico de vídeo: **Zum Zumzum**. Me miró dubitativo:

—¿Usted entiende algo de deportes?

—**¡En absoluto!**

—¿Entiende algo de crónicas deportivas?

—**¡En absoluto!**

—¿Ha hablado alguna vez en directo?

—**¡Nunca!**

Negó con la cabeza.

—Y entonces, ¿qué ha venido a hacer a Ratonkfurt si no es indiscreción? ¿A hincharse de queso?

Traté de explicárselo:

—Verá, mi hermana… quiero decir, mi abuelo… mi compañero de pupitre…

Él, apiadándose de mí, me dio algunos consejos:

—Hágase el desenvuelto, no dé a entender que está muerto de miedo, que es un negado, que está a punto de armarse un lío, que no entiende una corteza de deportes… ¡Hagamos una prueba! Mire la cámara, pero no FIJE la mirada… Trate de poner cara inteligente, vivaz, ingeniosa, acuérdese también de sonreír, pero no como un bobo… una sonrisa inteligente, venga, ¡esfuércese! Mantenga el micrófono cerca de la boca, no tan cerca, ¡no tiene que comérselo!

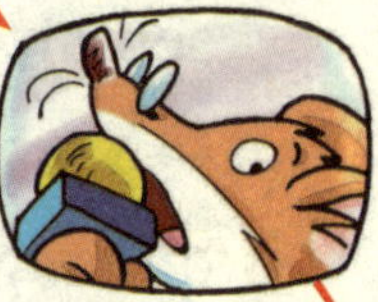

Uno, dos, tres… ¡en el aire!

Lo intenté:

—Ejem, buenos días, mi Stilton es nombre, quiero decir, mi apellido es Geronimo, estoy aquí para hablarles de… esto, las **Olimpiadas** han acabado, quiero decir, no, están a punto de empezar aquí en Tea… quiero decir, mi hermana se llama Tea y el desfile de moda…

—¡Nunca lo conseguiré! ¡No es culpa mía si soy **tímido**! —dije estallando en sollozos.

Zum Zumzum trató de consolarme.

—Vamos, no ha ido tan mal, dentro de veinte años (si se esfuerza **MUCHÍSIMO**) logrará presentar (a lo mejor) la previsión del tiempo…

—Y anunció—: En cualquier caso, no seré yo quien grabe las tomas. Su abuelo ha telefoneado para avisar de que la cámara, la llevará…

La puerta se abrió de par en par… Apareció un morro familiar y lanzó un grito de guerra que yo conocía muy bien (para mi desgracia):

—Metometometomentodoentodoentodoentodoquesosoooooooooooooooooo

ZVUT...

—¡Ah, no! ¡Si el operador de cámara es Metomentodo, **me niego**! —protesté.

—¿Quieres un platan*ito*? —dijo él mirándome.

—¡No! ¡No me apetece comer **plátanos**! ¡Y tampoco tengo ganas de trabajar contigo!

—¡Geronim*ito*, tu abuelo quiere hablarte por el telefon*ito*! —dijo pasándome un teléfono móvil.

Y ésta fue la conversación:

—Nieto, bla bla bla...

—¡Sí, abuelo!

—Bla bla bla...

—¡Sí, abuelo!

—Bla bla bla...

—¡Sí, abuelo, está bien abuelo, he comprendido, abuelo, obedezco, abuelo!

Colgué el teléfono, resignado.

¡El deporte une a todos los pueblos!

Me armé de valor y me preparé para la primera crónica en directo: ¡la ceremonia de apertura de los **Juegos Olímpicos**!

Un atleta llegó **CORRIENDO**, llevando la **ANTORCHA** olímpica.

Entonces dio comienzo un gran desfile. Todos los países del mundo participaban con sus atletas y su bandera. Era un espectáculo emocionante. ¡Ciertamente, el deporte une a todos los pueblos, más allá de las distintas razas, tradiciones y lugar de procedencia!

ISLA DE
LOS RATONES

Ratonkfurt

¡DETALLITOS... EXTRAÑITOS!

Al día siguiente empezaron las competiciones. Yo corría frenéticamente de aquí para allá, tratando de transmitir la crónica televisiva de todas las pruebas, que se desarrollaban en distintos lugares.

—Ante ustedes la prueba de **LEVANTAMIENTO DE PESO**...

¡Oh, pero estos atletas levantan **PESOS** increíbles! ¡Más de 500 kilos! ¡Yo nunca lo lograría! Ahí está, el vencedor es un atleta de un país muy, muy lejano: *¡Ratolandia!*

Después me desplacé hasta el estadio donde se desarrollaban las pruebas de atletismo.

—Ante ustedes, la competición de los **100 METROS**... Los atletas están a punto de salir... Y **CORREN** por la pista... ¡llegan a la meta en menos de cinco segundos! El primero es... un atleta de... *¡Ratolandia!*

Después llegó el turno del salto con PÉRTIGA.

—Ahí van los atletas, que compiten uno tras otro... ¡increíble... han superado los nueve metros! El ganador es de... *¡Ratolandia!*

Metomentodo, que estaba a mi lado filmando las pruebas, me susurró:

—Stiltonc*ito*, ¿quieres un platan*ito*?

—¡No, gracias, yo no como plátanos!

44
40
TIEMPO
12:00

—¿Seguro? Mira que está buenísimo, y además es saludable, rico en potasio y...

—No, gracias, eres muy amable pero no...

—¿Ni siquiera quieres intentarlo?

—¡NOOOOOOOOOOOOOOOOOO! ¿Cómo tengo que decírtelo?

—¡Pues sí que estás nervios*ito* hoy! Hablando de otra cosa, ¿has notado qué detall*ito* tan extrañ*ito*?

—Hum, no he notado nada —dije desconcentrado.

Después llegó el turno de los juegos en equipo: voleibol, baloncesto, fútbol... Participaban todos los equipos, salvo el de *Ratolandia*.

—Stiltonc*ito*, ¿has notado qué detall*ito* tan extrañ*ito*? —me susurró Metomentodo.

—Hum, no he notado nada —dije desconcertado.

—**¡Ji, ji, jiii!** —se rió él bajo los **bigotes**.

—¡Ya sabía yo que eras inteligent*ito*!

Una explicacioncita inteligentita

Mientras pelaba un plátano, Metomentodo dijo con aire de superioridad:

—*¡Destapa los bafles!** Hay **tres** detall*itos* extrañ*itos* que tú no has notado y yo, en cambio, sí…

1. *En la lista de los países que participan en las Olimpiadas, hay un país que en realidad no existe:* ¡Ratolandia!

2. *Los atletas de* Ratolandia *se parecen mucho entre sí, incluso demasiado: ¡creo que se trata de un único ratón disfrazado!*

3. Ratolandia *no ha participado en pruebas por equipos, sino sólo en competiciones individuales, precisamente porque ¡solamente tienen participando a un único atleta!*

***Destapa los bafles:** *escucha bien.*

Yo estaba muy sorprendido:

—¡Qué interesante!

Metomentodo concluyó, excitado:

—¡Ahora tenemos que entrar como sea en la **Villa Olímpica**, el lugar donde se alojan los atletas de todos los países, para descubrir los secretos de *Ratolandia*! El recinto está bien vigilado, ¡el público no puede entrar! Pero yo ya tengo un plano de la Villa, mira... ¡aquí está el alojamiento de *Ratolandia*! También he estudiado varias formas de entrar:

1. *excavar un túnel subterráneo...*

2. *disfrazarnos de carteros y fingir que entregamos un telegrama urgentísimo...*

3. *saltar en paracaídas...*

4. *ocultarnos en el camión de la basura.*

... O bien podríamos... podríamos... podríamos...

Solté una risita sarcástica:

—No hace falta ningún truco especial para entrar en la Villa Olímpica.

¡Basta con mi pase de reportero!

Me encaminé con decisión hacia la verja de la Villa Olímpica, le mostré el pase al vigilante y éste me dejó entrar sin problemas.

Metomentodo me siguió, admirado:

—¡Mis felicitaciones!

EN EL CORAZÓN DE LA NOCHE

Nos dirigimos de inmediato al palacete que albergaba al equipo de *Ratolandia.*

Nos escondimos hasta que OSCURECIÓ y luego entramos con cautela…

Creíamos que el palacete estaría abarrotado de atletas, entrenadores, masajistas… pero nada, ¡no había nadie!

Decidimos dividirnos para explorarlo: yo iría por la **derecha**, Metomentodo por la **izquierda**.

Vagué por aquellas inmensas habitaciones desiertas, con el corazón latiéndome con fuerza.

Para **ILUMINARME**, sólo contaba con mi llavero…

¡Cucú!
Stiltoncito...
¡Squit! ¡Cip cip!
¡Cri cri!
¡Cra craaaa!
¡Uuuuuuh!
¡Groarr!

En la OSCURIDAD, aquellas inmensas salas DESIERTAS resultaban muy inquietantes... Desde detrás de una esquina, oí una extraña voz que gritaba:

—¡Cucú!

¿Quién podía ser?

Me desplomé en el suelo, desvanecido del susto.

—¡Cucú! Stiltonc*ito*, ven a ver... ¡mejor dicho, a oír!

Recobré el conocimiento: ¡era Metomentodo!

Lo seguí. Me acerqué con precaución hasta una sólida puerta de **PIEDRA**, que estaba abierta... Se oían voces extrañas, ¡como si al otro lado hubiera un zoo al completo!

¡Squit!

¡Groarr!

¡Cri cri!

¡Cip cip!

¡Cra craaaaa!

¡Uuuuuuuuuuuh!

¡GRRR... BZZZZZZ!

Descubrimos una amplia sala llena de jaulas que contenían animales de todas las especies: hormigas, moscas, saltamontes, ranas, liebres, galgos, jaguares, macacos, colibrís, elefantes, delfines...

¿Quién sabe para qué querrían tantos animales?

¿A qué venía todo aquello?

En el centro de la sala había una enorme máquina conectada a dos sillones.

En uno de ellos había un anciano roedor, estaba encadenado y roncaba con gran estrépito.

¡Grrr... bzzzzzzz! ¡Grrrrrrr... bzzzzzzzz!

En cuanto nos acercamos, lo reconocí.

Grrr... bzzzzzz...

Murmuré estupefacto:

—Pero ¡si es mi queridísimo amigo... el **PROFESOR VOLTIO**! Desapareció misteriosamente hace unos meses... ¡Nadie había vuelto a saber nada de él! Al parecer, estaba realizando unos experimentos **ULTRASECRETOS** sobre genética...

LA GENÉTICA es la ciencia que estudia los caracteres hereditarios de las especies en el reino vegetal y animal.

Justo cuando íbamos a despertarlo, oímos el chirrido de una puerta:

Metomentodo **chilló**:

—¡RÁPIDO, STILTONCITO, ESCONDÁMONOS EN UN RINCONCITO! ¡Y DE PRISITA!

¿«EL FIN JUSTIFICA LOS MEDIOS»? ¡NO!

Ocultos tras una pared, esperamos a que la puerta se abriese.

Entró un ratón alto, DELGADO, *elegantísimo*, con pinta de **esnob**. Tenía el pelo rubio y unos ojos azules fríos como el HIELO. En su americana cruzada llevaba bordado el escudo de un linaje, con el lema:

¡El fin justifica los medios!

Pero lo que de verdad me impresionó fue su expresión GÉLIDA y CRUEL: estaba ante un roedor sin sentimientos ni escrúpulos.

Me recordaba vagamente a alguien... pero *¿a quién a quién a quién?* Entonces caí en la cuenta. ¡Me recordaba a los atletas de *Ratolandia*, los había visto competir aquella mañana!

Probé a imaginármelo con BARBA y bigote... después con distintos colores de pelo... con una verruga en la nariz... ¡**sí**, **sí**, **sí**, era él, justamente **él**, **él**, **él**!

El roedor sonrió irónicamente y saludó al profesor con una brusca reverencia:

—Pffffff, debo informarle, querido profesor, que he ganado ¡otra **medalla de oro**! ¿Está contento?

El científico estaba indignado y agitó las cadenas, haciéndolas tintinear.

—Señor Von Muskulustz, no me alegro en absoluto. Usted no se merece esa medalla... ¡La ha ganado mediante engaños!

El otro replicó, en tono arrogante:

—¡Pffffff, por favor, llámeme vizconde Ratkutz Muskulust

Vizconde Ratkutz Von Muskulustz

Quién es: un roedor sin sentimientos y sin escrúpulos. Alto, delgado y elegantísimo, tiene los ojos azules, fríos como el hielo.

A qué aspira: quiere convertirse en el mejor atleta del mundo.

Rasgos característicos: en su chaqueta cruzada lleva bordado el emblema y el lema de la familia: «El fin justifica los medios».

Su secreto: ha obligado al Profesor Voltio a aplicarle la Máquina Transfer para poder ganar todas las pruebas.

Su sueño: hacerse riquísimo y conquistar la Isla de los Ratones.

Su punto débil: no sabe perder.

El secreto del Profesor Voltio

El profesor suspiró.

—Como usted quiera, vizconde Von Muskulustz. Pero ¡he de decirle que es usted un roedor muy grosero!

El otro señaló su escudo bordado en el bolsillo de su *elegantísima* chaqueta.

—Pffffff, ¿ve el escudo con el lema de mi familia?

¡El fin justifica los medios!

El teléfono de Von Muskulustz sonó.

Respondió con un jadeo.

Mientras tanto, seguía levantando una pesa de resplandeciente acero, como si tal cosa.

Pffffff...

—Pffffff, dígame, el vizconde Von Muskulustz al aparato. ¿Con quién hablo? Ah, ¿es usted, NEMO? Sí, he obligado al PROFESOR VOLTIO a colaborar. Sí, la MÁQUINA TRANSFER funciona a la perfección. Sí, gracias a la máquina es posible transferir cualquier característica de un sujeto a otro. ¡Sí, así es justamente como estoy venciendo en todas las pruebas de las Olimpiadas, una tras otra! Sí, para la prueba de salto de altura, la

máquina me ha transferido la agilidad de un saltamontes... para la prueba de velocidad, la rapidez de

un JAGUAR... para la prueba de levantamiento de peso, la fuerza de una HORMIGA... Pero la máquina también puede transferir el sentido de RADAR de un murciélago, la capacidad de ver en la OSCURIDAD propia de los gatos… la habilidad para trepar que tienen los simios… Sí, la máquina podría suponer un gran progreso para la ciencia, pero la tendremos sólo para nosotros, para hacernos ricos…

¡Tendremos la Isla de los Ratones en un puño!

Sí, *Geronimo Stilton* aún no ha aparecido.

Sí, ya sé que es amigo del **PROFESOR VOLTIO**, pero dudo que un cobardica como él se atreva a interferir en nuestros planes.

Sí, ya sé que aquel amigo suyo tan papanatas, **METOMENTODO QUESOSO**, también está en Ratonkfurt…

¡Sí, nos veremos pronto, Nemo!

Colgó y reanudó la conversación, sin dejar de alisarse el bigote con aire esnob, mientras a mí me recorría un escalofrío.

¿Sabéis quién es Nemo?

¡Es una malvada rata de alcantarilla que siempre está tratando de destruir la nación de los Ratones!

¡Fuerte como una hormiga... veloz como una liebre!

Ratkutz Von Muskulustz se alisó los bigotes.

—Dentro de poco empezará la competición de salto de longitud. ¡Pffffff, quiero ganarla, por supuesto! Rebuscó entre las jaulas hasta que dio con una que tenía encerrada una ranita.

—Pffffff, esto es justo lo que necesitaba. ¡Una rana! Nadie da unos saltos tan largos como los de la rana. Profesor, por favor, proceda inmediatamente a conectar mi cerebro al de la rana.

El Profesor Voltio permaneció inmóvil.

—No, vizconde Von Muskulustz. No pienso ayudarlo. ¡No me gustan estos experimen-

¡No me gustan estos experimentos!

tos con animales indefensos! La **MÁQUINA TRANSFER** nació con otro objetivo: ¡ayudar a la medicina a derrotar enfermedades que siguen siendo incurables! ¡Usted me ha **OBLIGADO** a ayudarlo por la fuerza! Pero se acabó. He decidido que, aunque me cueste la vida, ¡no volveré a colaborar en este plan deshonesto!

Ratkutz Von Muskulustz soltó una risita cruel.

—Pffffff, pero ¿qué estoy oyendo? ¿Que usted no quiere ayudarme? No pasa nada. Lo haré

yo solo. He observado con atención cómo funciona su máquina... y puedo garantizarle que a partir de ahora ¡ya no le necesitaré a usted!

Estábamos sorprendidos e indignados al mismo tiempo.

Metomentodo susurró:

—¡Qué vergüenc*ita*! ¡Ese noble*cito* no tiene el menor sentido de la deportividad! ¡No vale usar truqu*itos* sucios cuando se compite entre deportistas! ¡Tenemos que denunciarlo!

Dicho lo cual, sacó la cámara fotográfica.

—¡Qué suerte*cita*, podremos sacar fotos que nos servirán como prueba para trincar a ese list*illo*!

Levantó la máquina fotográfica,

pero golpeó una JAULA con el codo...

¡CUCÚ CUCÚ CUCÚ!

La jaula cayó, arrastrando en su derrumbe la jaula de al lado...

... que a su vez arrastró la de al lado,
que a su vez arrastró la de al lado,
que a su vez arrastró la de al lado,
etcétera, etcétera, etcétera...

METOMENTODO se rió, guasón:

—¡Ayayayay, que follon*cito* se ha armado!

Ratkutz Muskulustz se volvió... ¡y nos vio!

Nos clavó su fría mirada y gritó:

—Y vosotros...

¿Quiénes sois?
¿Cómo os llamáis?
¿Por dónde habéis entrado?
¿Cuánto hace que me espiáis?
¿Por qué habéis venido aquí?

Metomentodo se burló de él.

—¡Cucú cucú cucú!

Luego empezó a sacar fotos a todo trapo.

El otro gritó, furioso:

—¡Dame en seguida esa máquina de fotos!

¿Entendidooooooo?

De un salto (*¡por mil quesos de bola*, el tipo era muy rápido!) atrapó a Metomentodo por la cola.

METOMENTODO me lanzó al vuelo la cámara fotográfica.

—¡Ten, Stiltonc*ito*! ¡Cucú cucú cucú!

Y yo la atrapé al vuelo.

¡Y así, se inició una trepidante **PERSECUCIÓN** por el laboratorio!

Detente...

¡P-F-F-F-F-F-F!

Ratkutz Von Muskulustz sonrió malicioso.

—Pffffff, ¿para qué cansarme corriendo detrás de vosotros? Con la ayuda de esta máquina prodigiosa os alcanzaré en un instante... ¡podré correr **VELOZ** como una liebre!

Y, dando un larguísimo **salto**, pasó por encima de la butaca.

Mientras saltaba, cogió al vuelo una liebre con cara de susto.

Accionando un mando a distancia, puso en marcha la **MÁQUINA TRANSFER**.

Pero el **PROFESOR VOLTIO** cambió la liebre por otro animal... ¡un caracol!

Se oyó un zumbido.

Brrrrzzzzzzzzz...

Brrrrzzzzzzzzz...

Brrrrzzzzzzzzz...

Ratkutz Von Muskulustz trató de ponerse en pie, pero su movimiento fue lentísimo. ¡Justo como un CARACOL!

Muy despacio, susurró: —P-f-f-f-f-f-f-f-f...

¿ES LA POLICÍA?

Metomentodo llamó a la POLICÍA de Ratonkfurt.

—¿Es la policía? Aquí tenemos a un malvad*ito* para encerrar. ¿Pueden pasarse a detenerlo con un coche*cito*? ¿Si es bastante peligrosillo? NOOOOOO, ya no es peligroso en absoluto. Antes se las daba de rapid*illo*, pero ahora se le han bajado los hum*illos* y se ha vuelto un poco lent*illo*, más bien parece un caracol*illo*, ¡ay, mira que llego a ser gracios*illo*...!

METOMENTODO tenía razón: Ratkutz Von Muskulustz se había vuelto muy, muy LENTO. ¡Cuando llegó la policía para llevárselo, aún no había logrado levantarse de la butaca!

El profesor, apiadándose de él, accionó de nuevo la **TRANSFER**... tras un zumbido, la máquina le restituyó su velocidad habitual.

En cuanto pudo volver a hablar con normalidad, Ratkutz Muskulustz empezó a soltar insultos, cada vez más rojo de rabia:

—¡Subproductos de **RATAS DE CLOACA**! ¡Subespecies de **ratas**! ¡Subraza de RATONES! Si os pillo, os haré un nudo en la cola... Os cortaré los bigotes... os arrancaré el pelaje... os reduciré a galletas para gatos...

Metomentodo le replicó con una risita burlona:

—Oh, fíjate, con los aires que te das y resulta que a la mínima te subes por las paredes, ¿a que sí? Eso demuestra que eres un *trolebustero,** y que de deportista no tienes nada, y ¿sabes por qué?: porque

... ¡NO SABES PERDERRRRRR!

Un verdadero deportista sabe perder.

***Trolebustero:** *mentiroso que suelta trolas muy gordas.*

SENCILLO... ¡COMO ROER UN QUESO!

Me acerqué al **PROFESOR VOLTIO**.

—¡Me alegro de verlo, profesor! Pero ¡siento verdadera curiosidad por saber cómo funciona esta **MÁQUINA**!

Él se rió:

—¡Es tan sencillo como roer la corteza de un **queso**! Os lo explicaré... *basta con calcular la fórmula rática de la raíz cúbica del logaritmo desratonizado del microrroedórico en la geometría del potasímetro titanizado centrifugado del elemento cuántico del neutrón atómico positrónico presúrico adiabático quimiciúrrico...*

Antes de que acabara de explicarlo... ¡ya me había entrado **DOLOR DE CABEZA**!

3+4
2+3=5
6x6
4500
1200

¿El botón rojo? ¡Nooooo!

Mientras el profesor seguía con su explicación, Von Muskulustz gritó:

—¡Si yo no puedo usar la máquina... no la usará nadie!

Dio un salto rapidísimo, logró hacerse con el mando a distancia y pulsó... el BOTÓN ROJO de autodestrucción.

La **MÁQUINA TRANSFER** empezó a zumbar cada vez más fuerte...

Bzzzzzzzzzzzzzzzzzzzzzzzzzzzzzzz

Luego, empezó a sacar humo.

¡Que tufo a quemado!

El **PROFESOR VOLTIO** corrió hacia la **TRANSFER**, gritando:

—**¡Oh no!** ¡Había trabajado tanto para construirla!

Pero al cabo de un momento dijo, suspirando:

—Sin embargo... tal vez sea mejor así. Como todos los inventos, habría podido volverse peligrosa... ¡en las zarpas de roedores deshonestos y sin escrúpulos!

¡NO SOPORTO LOS PLÁTANOS!

Las pruebas en las que aquel tramposo había resultado vencedor fueron anuladas.

Se repitieron en los días siguientes, con la intención de que no ganase el más *avispado*... sino el *¡mejor!*

Metomentodo y yo las presenciamos desde una tribuna de honor. El público nos aclamaba:

—¡Viva Metomentodo Quesoso!

—¡Viva Geronimo Stilton!

Metomentodo se levantó y gritó:

—¡PAZ PAZ PAZ!

Todos repitieron a coro:

—¡PAZ PAZ PAZ!

PAZ

¡Yo también me levanté y grité junto con los demás aquella *simple*, pero *poderosa* palabra! Metomentodo volvió a sentarse y empezó a roer plátanos.

—¿Quieres un platan*ito*, Stiltonc*ito*? Es especial porque...

—¡No, gracias!

—Vamos, pruébalo, porque...

—Te lo agradezco, no.

—Venga, sólo un bocad*ito*, porque...

—Gracias, pero no tengo apetito…

—Pero está buenec*ito*, porque…

—Por favor, no insistas, no me apetece nada.

—Perdona que insista, porque…

—¡Ya sabes que no digiero los plátanos!

—Pues después te daré un digestivo, porque…

—¡No sólo no los digiero, es que no me gustan nada de nada!

—Debes de estar de broma, es imposible que no te gusten, porque…

Al final tuve que gritarle:

—¡No soporto los plátanos! Y si sigues así… ¡casi, casi que tampoco te soporto a ti! ¡Detesto el sabor a plátano!

Entonces me plantó un plátano debajo de la nariz.

—¡En realidad, éstos no son de plátano! Son de… ¡queso! ¡Hace media hora que intento explicártelo, ufff!

Olfateé el **plátano**.
Él insistió.
—¡Por mil bananillas! ¡Vamos, pruébalo! ¡No sabes lo que te estás perdiendo!
Olisqueé mejor... ¡olía a **queso**!
Probé uno. Metomentodo tenía toda la razón: estaba buenísimo.
¡Aún diría más, absolutamente **de-li-cio-so**!
Entonces me lo explicó:
—Éstos no son plátanos como los demás. Los he tenido toda la noche empapados en **queso fundido**... ¿no hueles qué aroma? Estoy pensando en patentarlo... ¿tú qué opinas, Stiltonc*ito*?

Suspiré. *Ah, Metomentodo... ¡si no existiese, habría que inventarlo!*

¡GERONIMO, ERES UN MITO!

Pero la verdadera sorpresa aún estaba por llegar. Cuando aterricé en Ratonia, *bajé del avión* seguido por Metomentodo…

Una inmensa multitud de roedores me recibió gritando:

—¡Eres un **mito**!

Miré a mi alrededor, atónito. Le dije a Metomentodo:

—¿De qué va todo esto?

La multitud volvió a repetirlo, gritando tan fuerte que hasta temblaron los cristales del aeropuerto.

Rojo como un tomate, logré balbucear:

—¿Quién, yo?

La multitud derribó las vallas... miles de roedores se lanzaron en mi persecución, agitando hojas y bolígrafos.

—¡Queremos un *autógrafoooooooo!*

Yo salí corriendo, asustadísimo.

—¡**CORRE** Stiltonc*ito*! —gritó Metomentodo.

En ese momento, sonó el teléfono.

Era mi hermana Tea:

—¡Geronimo, tus crónicas televisadas de las **Olimpiadas** han sido superratónicas! Quedas muy bien en la tele, eres muy telegénico... Las Olimpiadas han sido muy seguidas en Ratonia... has tenido un éxito increíble... todas mis amigas quieren conocerte y...

¡*Por mil quesos de bola*, qué aventura! Justamente una de esas extrañas aventuras que sólo vivo con él... ¡con **METOMENTODO QUESOSO!**

A LO MEJOR, NO SABÍAS QUE...

BREVE HISTORIA DE LAS OLIMPIADAS MODERNAS

Los Juegos Olímpicos

El nombre «Juegos Olímpicos» nace para recordar los juegos que se celebraban en la antigua Grecia, en Olimpia, entre los mejores atletas locales.

Hasta 1896, el barón Pierre de Coubertin no logró organizar las primeras Olimpiadas modernas, tentativa que ya se había realizado en el pasado, pero sin éxito.

Al principio, los Juegos Olímpicos no gozan de gran éxito: en la primera edición sólo participan 14 países. Y de los 245 atletas inscritos, 197 son griegos (¡que, obviamente, ganarán casi todas las medallas!).

Pero De Coubertin no se desanima y trata de convencer a los atletas de todo el mundo para que participen en estos nuevos juegos.

Decide que las Olimpiadas se celebren cada cuatro años, como en la antigua Grecia, pero cada vez en un país distinto, abarcando los cinco continentes, para reforzar la idea de paz y fraternidad entre todas las naciones.

¡UN DEPORTISTA DE BIGOTES!

«LO IMPORTANTE NO ES GANAR, SINO PARTICIPAR»

Esta célebre frase de PIERRE DE COUBERTIN (1863-1937) expresa el espíritu con que renacieron las Olimpiadas.

Apasionado estudioso del mundo griego, Pierre de Coubertin estaba firmemente convencido de que el deporte era fundamental para el desarrollo físico y mental de los jóvenes. Además, creía que era un instrumento para favorecer la amistad entre los pueblos. Animado por estas ideas, en 1894 propuso el resurgimiento de los Juegos Olímpicos a una comisión internacional, que se convertiría en el primer Comité Olímpico Internacional. En 1920 le fue otorgado el Premio Nobel de la Paz.

Cuando murió, fue enterrado en Olimpia, en Grecia, tal como era su voluntad.

Las Olimpiadas se han seguido celebrando, a excepción de algunas interrupciones provocadas por las guerras mundiales e intromisiones de la política en las competiciones deportivas. En cualquier caso, es muy posible que De Coubertin se sintiera satisfecho: de los 14 países que participaron en 1896, o de los 59 de Londres en 1948 (con unos 4.000 atletas inscritos), se llegó a más de 205 en los Juegos de Río de Janeiro de 2016, con más de 10.000 deportistas.

¿Cuál es el colmo del campeón olímpico de velocidad?
Tener un hijo que se llame...
¡Va-lentín!

Pero también han cambiado otras muchas cosas. Por ejemplo, en los Juegos de París de 1900 se batieron todos los récords de natación... ¡por-

que las pruebas se nadaron en el Sena con la corriente siempre a favor!
Sin dejar las Olimpiadas de París de 1900, los premios para los ganadores fueron paraguas y libros, y no, como había pedido De Coubertin, una medalla, un diploma y una ramita de laurel en recuerdo de las antiguas competiciones.

EL JURAMENTO

«Juramos presentarnos a los Juegos Olímpicos como competidores leales, respetuosos con los reglamentos y deseosos de participar con espíritu caballeroso, por el honor de nuestro país y la gloria del deporte.»
Ésta es la frase que, en la apertura de todas las Olimpiadas, pronuncia un atleta en nombre de todos los demás, haciendo hincapié en el espíritu que debería imperar siempre en cualquier competición deportiva.

A LA SOMBRA DE LA ANTORCHA

La antorcha es un símbolo del espíritu fraternal entre todos los pueblos. Cada cuatro años, en Grecia se enciende el fuego olímpico, en el antiguo altar de Olimpia, y éste se transfiere a la antorcha con un espejo cóncavo que concentra los rayos solares. Gracias a un sistema de relevos internacional, la antorcha es trasladada al país donde se celebrarán las Olimpiadas.

Los atletas que llevan la antorcha olímpica se llaman *tedóforos*.

En caso de que haya que atravesar mares y océanos, la antorcha viaja en avión o en barco; cuando no es así, va pasando de mano en mano cada kilómetro, hasta el estadio olímpico. Una vez allí, se usa para encender el fuego que arderá mientras duren los Juegos.

Los cinco aros olímpicos

¿Quién, si no el padre de los Juegos Olímpicos, habría podido hallar un símbolo tan simple y claro para representar su espíritu con tanto acierto?

En esta ocasión, Pierre de Coubertin también se inspira en la antigüedad: ve cinco círculos entrelazados en un altar, en Grecia, símbolo del cese de las hostilidades durante los Júegos de Delfos. ¡Y se le ocurre que resultarían ideales para representar los cinco continentes de nuestro planeta!

Los círculos sobre fondo blanco contienen al menos un color de todas las banderas del mundo. A cada círculo le corresponde un continente: amarillo para Asia, negro para África, azul para Europa, rojo para América y verde para Oceanía. Al final de los Juegos, la bandera se entrega al país que acogerá las próximas Olimpiadas.

Mujeres en las Olimpiadas

La bandera olímpica aparece por primera vez en los Juegos de Anversa, en 1920. Pero ésta no será la única novedad de la VII Olimpiada Moderna.

Si en la antigüedad las mujeres no participaban, y ni siquiera podían asistir a los Juegos, al comienzo de las Olimpiadas modernas la cosa no fue muy distinta. Es verdad que podían asistir a las competiciones, pero no se les permitía participar oficialmente. Hasta que, en 1920, en los Juegos Olímpicos de Anversa, 77 atletas femeninas fueron admitidas para competir oficialmente.

¿Cuál es el colmo de una atleta? ¡Multiplicarse por cuatro para llegar la *primera*… y verse relegada a ser la *tercera* en pocos segundos!

EL CRONÓMETRO

El primer cronómetro electrónico de cuarzo hizo su aparición en los Juegos de Tokio (Japón) en 1964. Anteriormente, los tiempos de los atletas se registraban con el cronómetro mecánico: no siempre resultaba fácil establecer quién había ganado, sobre todo en las carreras de natación o de atletismo, cuando la ventaja era de sólo unas centésimas de segundo. En caso de empate, eran los jueces quienes decidían… ¡aunque no siempre se ponían de acuerdo! En la actualidad, la tecnología permite estimar inmediatamente los resultados con una precisión de milésimas de segundo. De hecho, los jueces, con el sistema del *fotofinish*, visualizan al momento, en la pantalla del ordenador, la imagen de los atletas en la línea de llegada y sus tiempos relativos, gracias a una escala de valores situada directamente debajo de las propias imágenes.

Juegos Olímpicos de verano

Cuando se habla de Juegos Olímpicos, se suele pensar que se celebran cada cuatro años en verano.

Éstas son, efectivamente, las Olimpiadas con mayor número de competiciones: más de 300 entre individuales y por equipos.

También son los juegos en los que participa el mayor número de atletas: en las Olimpiadas de Río de Janeiro de 2016, más de 10.000.

Pero también son las que concentran un mayor número de deportes practicados. ¿Eso qué significa? Quiere decir que cada deporte olímpico puede comprender distintas especialidades o disciplinas. Por ejemplo, la natación está subdividida a su vez en carreras de natación, saltos, waterpolo y natación sincronizada.

El atletismo comprende tres disciplinas: carreras, saltos y lanzamiento, que dan pie a un gran número de pruebas. Basta con pensar en las distintas modalidades de carreras: ¡desde las de 100 metros, que actualmente se cubren en poquísimos segundos, hasta el mítico maratón, ¡de 42,195 km!

> ¿Cómo se llama la especialidad de saltos olímpicos más apreciada por los italianos? ¡*La saltimbocca*!

JUEGOS OLÍMPICOS DE INVIERNO

En 1924, mientras en París se celebraban los Juegos de la VIII Olimpiada, en Chamonix tuvieron lugar las primeras Olimpiadas invernales. Hasta 1990, los Juegos estivales y los invernales se celebraban el mismo año.

Después se decidió separarlos, de modo que hubiera un evento olímpico cada dos años.

No resultó fácil organizar los primeros Juegos de Invierno, y eso que había menos atletas y menos disciplinas. ¿Por qué? ¡El problema era, ante todo, la nieve!

Hoy en día existen «cañones» con los que se puede fabricar artificialmente. Pero hace tiempo no era así. Por ejemplo, en Insbruck, en 1964, los organizadores tuvieron que llevar toneladas de nieve en camiones hasta las pistas, ¡porque no había nevado!

> ¿Cómo se llama la peor patinadora sobre hielo rusa?
> *¡Tropezovna Catakracsky!*

Existen 8 disciplinas, con un total de casi 80 pruebas distintas entre individuales y por equipos: desde competiciones de descenso y esquí nórdico (fondo y salto de trampolín), hasta carreras de bobs, hockey sobre hielo o patinaje artístico.

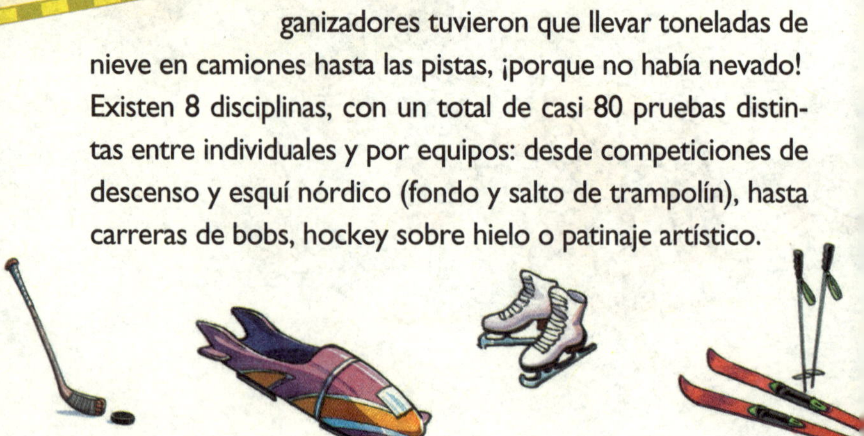

18
113
54

¿Qué son los Juegos Paralímpicos?

Más de 5.000 atletas participaron en los Juegos Paralímpicos de Río de Janeiro de 2016, en 22 disciplinas distintas.
La historia empezó hace tiempo: estamos en 1948. Hace poco que ha finalizado la Segunda Guerra Mundial, y un médico inglés tiene la idea de ayudar a los veteranos de guerra a través del deporte. Con ese fin, organiza los «Juegos de Stoke Mandeville», mientras en Londres se están celebrando las Olimpiadas. El éxito es tan rotundo que, con los años, acaban convirtiéndose en internacionales: con motivo de las Olimpiadas de Roma de 1960, participan 400 atletas con discapacidades físicas y mentales, originarios de 23 naciones.
En 1988, en Seúl, por primera vez, los atletas discapacitados compiten utilizando las mismas instalaciones que se emplearon para las Olimpiadas. De aquí el nombre de Paraolimpiadas, es decir, unos juegos que se llevan a cabo paralelamente a las Olimpiadas y las complementan.
Desde 1992, año de los Juegos invernales de Albertville, cada cuatro años también tienen lugar los Juegos Paralímpicos de Invierno, que incluyen el hockey sobre hielo y el biathlon.

5

DEPORTES QUE VAN, DEPORTES QUE VIENEN

¿Sabíais que en 1920 existía la competición de tirar de la cuerda? ¿Que el *rugby* volvió a las Olimpiadas de Río de 2016, después de 96 años de ausencia? ¿Que el tenis fue aceptado inicialmente, después excluido y finalmente reincorporado? ¿Que el último deporte estival aceptado ha sido el *taekwondo*, una disciplina de origen coreano que significa «dar patadas y golpear con el puño»?

¿Y que, en la actualidad, el *snowboard* es una disciplina de los Juegos de Invierno? Pero ¿cómo decidir qué deportes se admiten y cuáles se excluyen? En el pasado, había mucha confusión, porque eran los países que acogían los Juegos quienes decían las disciplinas que había que incluir y cuáles eliminar.

—¡Una vez, lancé la jabalina a más de 50 metros, y atrapé una medalla!
—¡Caramba, qué puntería tienes!

Y lo ejecutaban basándose en sus preferencias y en tradiciones culturales locales. Un criterio tan poco ecuánime daba lugar a protestas y críticas.

Para evitarlo, el Comité Olímpico ha establecido una norma, válida para todos: sólo se admitirán los deportes que se practiquen al menos en 75 países de cuatro continentes si se trata de un deporte masculino, y en 40 países de tres continentes si es un deporte femenino.

Así no hay favoritismos y todos participan, al menos en teoría, con las mismas probabilidades de ganar.

EL BIATHLON, UN CAMINO INTERMEDIO

Es una de las disciplinas de las Olimpiadas invernales, pero de hecho une los Juegos estivales con los de invierno. ¿En qué consiste? Los esquiadores deben recorrer una pista de fondo y, a intervalos regulares, se detienen para disparar a un blanco. Gana el que logra completar el recorrido en el menor tiempo posible. Pero para no sufrir penalización, se ha de acertar en todos los blancos.

¿AFICIONADOS O PROFESIONALES?

Durante las primeras ediciones de las Olimpiadas modernas, se decidió que los atletas tenían que ser aficionados, es decir, que no podían cobrar un sueldo, y menos aún estar bajo patrocinio. Puesto que no existían las federaciones deportivas, sólo podían participar personas que pudieran costearse el desplazamiento. Era una regla extremadamente rígida, de la que fue víctima, entre otros, un atleta italiano que acudió a los primeros Juegos de Atenas a pie, y al que se le negó la admisión porque, el año anterior, había ganado una pequeña suma de dinero participando en el maratón de 12 días Turín-Marsella-Barcelona.

Hoy en día, por el contrario, también participan profesionales, lo cual permite que en los Juegos Olímpicos todos podamos admirar a los mejores atletas del mundo: ¡ganar una medalla en las Olimpiadas constituye la máxima meta para los deportistas de todas las naciones!

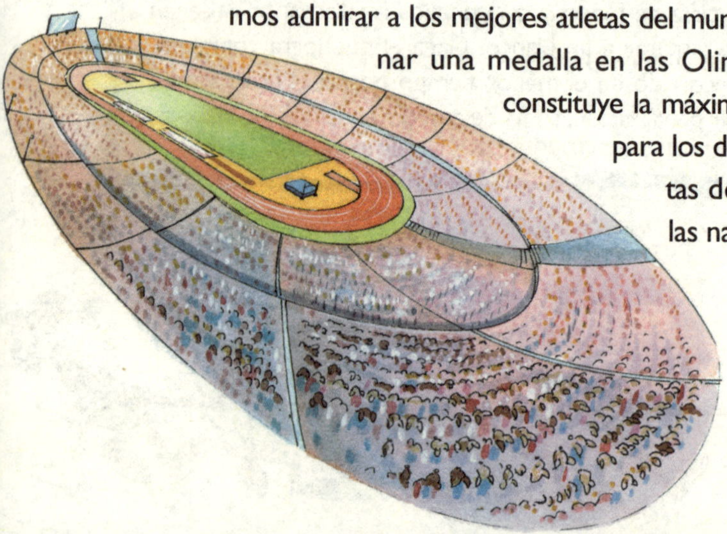

La Villa Olímpica

En Olimpia, en la antigua Grecia, los atletas no disponían de una ciudad propiamente dicha.

Las estructuras deportivas se acondicionaban en el templo, puesto que los Juegos tenían un carácter primordialmente religioso.

En el transcurso de las primeras Olimpiadas modernas, el alojamiento de los atletas también era muy espartano.

Hasta que en París, con motivo de los Juegos de 1924, se construyó la primera «Villa Olímpica», es decir, una estructura edificada para albergar a todos los atletas y sus respectivos equipos.

Con el aumento de países y atletas participantes, también han crecido las dimensiones de estas «ciudades». La de las últimas Olimpiadas tenía capacidad para 17.000 personas entre atletas y acompañantes, ¡y todos los días se preparaban 50.000 comidas, el equivalente a 100 toneladas de alimentos!

Los grandes atletas

Jesse Owens: en las Olimpiadas de Berlín de 1936 ganó el oro en los 100 m, en los 200 m, en salto de longitud y en relevos 4 x 100, estableciendo dos récords olímpicos y un récord mundial.

Tanny Grey: una de las más famosas campeonas de velocidad de los Juegos Paralímpicos. En los Juegos de Seúl de 1988 ganó una medalla de bronce, y en los de Barcelona de 1992 conquistó 4 oros, uno de ellos en la prueba de los 400 m.

Carl Lewis: en las Olimpiadas de Los Ángeles de 1984 ganó la medalla de oro en los 100 m, en los 200 m, en salto de longitud y en relevos 4 x 100, igualando la hazaña de Jesse Owens.

Nadia Comaneci: famosísima gimnasta que con sólo catorce años, en los Juegos Olímpicos de Montreal de 1976, conquistó 3 oros. Fue la primera atleta que consiguió la máxima puntuación, 10 puntos, en una prueba de paralelas.

MARK SPITZ: en los Juegos de Mónaco de 1972 ganó 4 pruebas de natación (100 m y 200 m estilos libre, 100 m y 200 m mariposa), batiendo el récord mundial en todas ellas. También ganó 3 oros en la de relevos, convirtiéndose en el primer atleta que conseguía 7 oros en una sola Olimpiada.

JEAN-CLAUDE KILLY: en las Olimpiadas de Invierno de Grenoble de 1968 conquistó tres medallas de oro en esquí alpino (descenso, eslalon y eslalon gigante).

KATARINA WITT: en las Olimpiadas de Invierno de Calgary de 1988 ganó la medalla de oro de patinaje artístico femenino por segunda vez consecutiva.

RAISA SMETANIA: en cuatro Olimpiadas invernales, entre 1976 y 1988, ganó un total de 4 medallas de oro, 5 de plata y una de bronce, batiendo el récord de medallas de los Juegos de Invierno.

¡RÉCORDS... OLÍMPICOS!

FÚTBOL: el récord de títulos olímpicos es de 3 medallas de oro ganadas por Gran Bretaña (1900, 1908 y 1912) y por Hungría (1952, 1964, 1968).

VOLEIBOL: introducido en 1964 como disciplina olímpica masculina y femenina, el mayor número de títulos ganados corresponde al equipo masculino de la ex Unión Soviética (1964, 1968 y 1980) y al equipo femenino de ese mismo país (1968, 1972, 1980, 1988).

TENIS DE MESA FEMENINO: el récord de medallas de oro lo ganó la china Deng Yaping, que obtuvo 4 oros (en individuales y en dobles, en 1992 y 1996).

ATLETISMO: el mayor número de medallas de oro olímpicas masculinas pertenece a Paavo Nurmi (FIN), con 12 oros en los Juegos Olímpicos de 1920, 1924 y 1928. El mayor número de medallas femeninas, 4 en total, lo han ganado Fanny Blankers-Koen (Holanda), Betty

Cuthbert (Australia), Bärbel Wöckel (República Democrática alemana) y Evelyn Ashford (EE.UU.).

Las naciones con mayor presencia en las olimpiadas: en las veinticinco ediciones celebradas desde 1896 a 2000, sólo 5 naciones han estado presentes en todas: Australia, Francia, Grecia, Gran Bretaña y Suiza.

El medallero más rico en oro: en la historia de los Juegos Olímpicos modernos (1896-2000) Estados Unidos ostenta el récord, con 931 medallas de oro.

El mayor número de participantes en unas olimpiadas: en el 2000, en los Juegos Olímpicos de Sidney (Australia) participó un número récord de atletas, 11.084, de entre ellos 4.245 mujeres, otra cifra récord.

ÍNDICE

¡NO TE PIERDAS LOS LIBROS

SPECIALES DE GERONIMO STILTON!

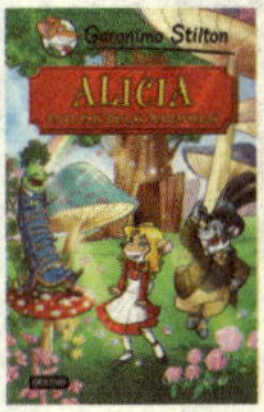

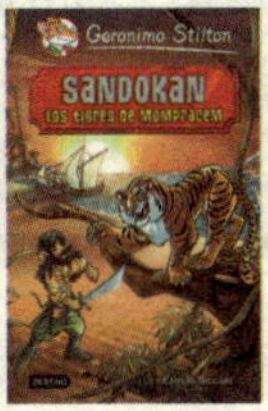

LOS PREHISTORRATONES

- ❒ **1. ¡Quita las patas de la piedra de fuego!**
- ❒ **2. ¡Vigilad las colas, caen meteoritos!**
- ❒ **3. ¡Por mil mamuts, se me congela la cola!**
- ❒ **4. ¡Estás de lava hasta el cuello, Stiltonut!**
- ❒ **5. ¡Se me ha roto el trotosaurio!**
- ❒ **6. ¡Por mil huesecillos, cómo pesa el brontosaurio!**
- ❒ **7. ¡Dinosaurio dormilón no atrapa ratón!**
- ❒ **8. ¡Tremendosaurios a la carga!**
- ❒ **9. Muerdosaurio en el mar... ¡tesoro por rescatar!**
- ❒ **10. ¡Llueven malas noticias, Stiltonut!**
- ❒ **11. ¡En busca de la ostra megalítica!**
- ❒ **12. ¡Pulposauria glotona... peligra mi cola ratona!**
- ❒ **13. ¡Por mil pedruscos... cómo apesta el globosaurio!**

LOS COSMORRATONES

- ❒ **1. La amenaza del planeta Blurgo**
- ❒ **2. La extraterrestre y el capitán Stiltonix**
- ❒ **3. La invasión de los insufribles Ponf Ponf**
- ❒ **4. Desafío galáctico en el último penalti**
- ❒ **5. El planeta de los cosmosaurios rebeldes**
- ❒ **6. El misterio del planeta sumergido**
- ❒ **7. ¡Peligro, basura espacial!**

DESTINO

TEA STILTON

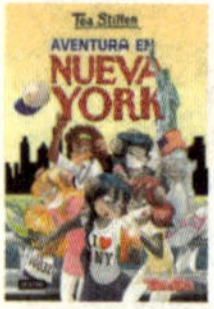

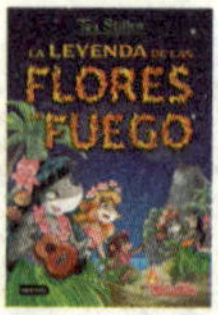

❒ 1. El código del dragón
❒ 2. La montaña parlante
❒ 3. La ciudad secreta
❒ 4. Misterio en París
❒ 5. El barco fantasma
❒ 6. Aventura en Nueva York
❒ 7. El tesoro de hielo
❒ 8. Náufragos de las estrellas
❒ 9. El secreto del castillo escocés
❒ 10. El misterio de la muñeca desaparecida
❒ 11. En busca del escarabajo azul
❒ 12. La esmeralda del príncipe indio
❒ 13. Misterio en el Orient Express
❒ 14. Misterio entre bambalinas
❒ 15. La leyenda de las flores de fuego
❒ 16. Misión flamenco
❒ 17. Cinco amigas y un león
❒ 18. Tras la pista del tulipán negro
❒ 19. Una cascada de chocolate
❒ 20. Los secretos del Olimpo
❒ 21. Amor en la corte de los Zares
❒ 22. Una aventura en el Caribe
❒ 23. Misterio en Hollywood

VIDA EN RATFORD

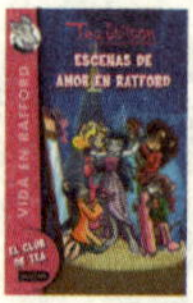

❒ 1. Escenas de amor en Ratford
❒ 2. El diario secreto de Colette
❒ 3. El club de Tea en peligro
❒ 4. Reto a paso de danza
❒ 5. El proyecto supersecreto
❒ 6. Cinco amigas y un musical
❒ 7. Camino a la fama
❒ 8. ¿Quién se esconde en Ratford?
❒ 9. Una misteriosa carta de amor
❒ 10. El sueño sobre hielo de Colette
❒ 11. Un, dos, tres... ¡se rueda en Ratford!
❒ 12. Top model por un día
❒ 13. Misión mar limpio
❒ 14. El club de las poetisas
❒ 15. La receta de la amistad
❒ 16. El gran baile con el príncipe
❒ 17. El fantasma del Castillo del Halcón
❒ 18. Todas podemos ser campeonas
❒ 19. Más que amigas... ¡hermanas!
❒ 20. Una boda de ensueño

DESTINO

EL ECO DEL ROEDOR

1 Entrada
2 Imprenta (aquí se imprimen los libros y los periódicos)
3 Administración
4 Redacción (aquí trabajan redactores, diseñadores gráficos, ilustradores)
5 Despacho de Geronimo Stilton
6 Jardín

9
1
2
18
8
4
3
12
32
13
11
10
19
45
5
22
46
20
15
17
7
40
24
26
25
28
33
14
16
38
27
36
23
37
21
31
29
35
44
41
30
34
6
39
42
43

RATONIA, LA CIUDAD DE LOS RATONES

1 Zona industrial de Ratonia
2 Fábricas de queso
3 Aeropuerto
4 Radio y televisión
5 Mercado del Queso
6 Mercado del Pescado
7 Ayuntamiento
8 Castillo de Morrofinolis
9 Las siete colinas de Ratonia
10 Estación de Ferrocarril
11 Centro comercial
12 Cine
13 Gimnasio
14 Sala de conciertos
15 Plaza de la Piedra Cantarina
16 Teatro Fetuchini
17 Gran Hotel
18 Hospital
19 Jardín Botánico
20 Bazar de la Pulga Coja
21 Casa de tía Lupa y Benjamín
22 Museo de Arte Moderno
23 Universidad y Biblioteca
24 «La Gaceta del Ratón»
25 «El Eco del Roedor»
26 Casa de Trampita
27 Barrio de la Moda
28 Restaurante El Queso de Oro
29 Centro de Protección del Mar y del Medio Ambiente
30 Capitanía
31 Estadio
32 Campo de golf
33 Piscina
34 Canchas de Tenis
35 Parque de atracciones
36 Casa de Geronimo
37 Barrio de los anticuarios
38 Librería
39 Astilleros
40 Casa de Tea
41 Puerto
42 Faro
43 Estatua de la Libertad
44 Oficina de Metomentodo Quesoso
45 Casa de Patty Spring
46 Casa del abuelo Torcuato

LA ISLA DE LOS RATONES

1 Gran Lago Helado
2 Pico del Pelaje Helado
3 Pico Vayapedazodeglaciar
4 Pico Quetepelasdefrío
5 Ratikistán
6 Transratonia
7 Pico Vampiro
8 Volcán Ratífero
9 Lago Sulfuroso
10 Paso del Gatocansado
11 Pico Apestoso
12 Bosque Oscuro
13 Valle Misterioso
14 Pico Escalofrioso
15 Paso de la Línea de Sombra
16 Roca Tacaña
17 Parque Nacional para la Defensa de la Naturaleza
18 Las Ratoneras Marinas
19 Bosque de los Fósiles
20 Lago Lago
21 Lago Lagolago
22 Lago Lagolagolago
23 Roca Tapioca
24 Castillo Miaumiau
25 Valle de las Secuoyas Gigantes
26 Fuente Fundida
27 Ciénagas sulfurosas
28 Géiser
29 Valle de los Ratones
30 Valle de las Ratas
31 Pantano de los Mosquitos
32 Roca Cabrales
33 Desierto del Ráthara
34 Oasis del Camello Baboso
35 Cumbre Cumbrosa
36 Jungla Negra
37 Río Mosquito
38 Puerto Crostón
39 Puertorratón
40 Puerto Fétido
41 Puerto Asco
42 Ratonkfurt
43 Ratonia
44 Galeón de los Gatos Piratas

1
2
3
4
5
6
7
8
9
10
11
12
13
14
15
16
17
18
19
20
21
22
23
24
25
26
27
28
29
30
31
32
33
34
35
36
37
38
39
40
41
42
43
44

QUERIDOS AMIGOS Y AMIGAS ROEDORES,
HASTA EL PRÓXIMO LIBRO.
OTRO LIBRO MORROCOTUDO
PALABRA DE STILTON, DE...

Geronimo Stilton